「文學과知性」詩人選 33

네 사람의 얼굴

尹今初·박시교
이우걸·柳在榮

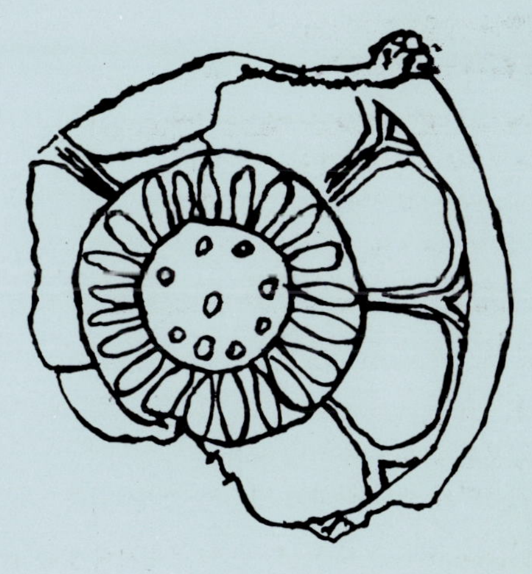

문학과지성 시인선 33
네 사람의 얼굴

초판발행/ 1983년 10월 20일
2 쇄발행/ 1989년 1월 30일
재판발행/ 1995년 1월 25일
2 쇄발행/ 2000년 10월 30일

지은이/ 윤금초·박시교·이우걸·유재영
펴낸이/ 채호기
펴낸곳/ ㈜문학과지성사
등록번호/ 제10-918호(1993. 12. 16)

서울 마포구 서교동 363-12호 무원빌딩(121-838)
편집: 338)7224~5 FAX 323)4180
영업: 338)7222~3 FAX 338)7221
홈페이지/ www.moonji.com

ⓒ 윤금초·박시교·이우걸·유재영, 1995. Printed in Seoul, Korea
ISBN 89-320-0188-X

값 5,000원

문학과지성 시인선 33

네 사람의 얼굴

윤금초 · 박시교
이우걸 · 유재영

1995

自 序

　음수율 또는 음보율을 고집하던 시대가 있었고, 지금도 대다수 사람들이 그 구속으로부터 선뜻 벗어나지 못하고 있는 것이 오늘의 시조 문학 현실이다.

　시조를 창작하는 많은 시인들이, 이 시대에 진실로 시조가 있어야 하고 왜 발전해야 하느냐는 당위성을 두고 지극히 옹색한 변론만 거듭하고 있다면 이 또한 비극이 아닐 수 없다.

　시조가 이 땅에서 꽃피어야 한다는 당위성은, 우리가 우리말과 우리 정신을 영원히 간직할 수밖에 없다는 것과 다름아니다.

　이 『선집』을 계기로 네 사람의 '얼굴'이 한 자리에 앉게 되었다.

1983년 가을

Ⅰ. 꽃의 변증법
——윤금초 편

꽃의 변증법 2

툭 툭 빠른 저 붓놀림
덧칠하는 가을 화판,
비늘 돋은 앞녘 강물
온갖 형용사로 넘실대고
극채색 감성 언어가
꽃잎 되어 고개 드네.

들쭉날쭉 달려오는
산등성이 등에 업고
변성기 수탉처럼
활개치던 풀빛 아이들,
세상사 이내 속으로
속절없이 가고 있네.

지난철 허장성세도
두어 장 갈잎 야사로 남고
솔바람 카랑한 음성
다비문을 읽는 걸까,
우리네 골짜기 삶을
산그늘이 덮고 있네.

사물놀이

북 장구 꽹과리에 징소리가 어우러진
앞 마당 멍석 위에 둥 따닥 굿판 났다.
걸립패 사물놀이*에 달도 차서 출렁이는……

그냥 그 무명 적삼, 수더분한 매무새로
폭포수 쏟아놓다 바람 자듯 잦아드는,
신바람 자진모리에 애간장을 다 녹인다.

'둘하 노피곰 도드샤
어긔야 머리곰 비취오시라
어긔야 어강됴리
아으 다롱디리' **

얼마나 오랜 날을 움츠린 목숨인가.
관솔불도 흥에 겨워, 흥에 겨워 글썽이는
'어긔야 어강됴리
아으 다롱디리'

돌아라, 휘돌아라. 숨이 가쁜 종이 고깔.
더러는 눈칫밥에 한뎃잠 설쳤기로, 논틀 밭틀 恨을

묻고 거리죽음 뜬쇠***들아. 아픔의 응어리로 북을 때려
시름 푸는, 풍물잡이 시나위는 民草들 앙알대는 목소리
다. 짓밟고 뭉갤수록 피가 절로 솟구치는, 투박한 그 외
침은 뚝배기 태깔이다.
  앙가슴 풀어헤쳐서 열두 발 상모를 돌려라.

  * 사물놀이: 우리 민속 타악기인 꽹과리·징·장구·북으로 이
    루어진 걸립패의 앉아서 치는 풍물 가락.
 ** '둘하 노피곰……'은 「井邑詞」의 한 대목.
*** 뜬쇠: 풍물꾼 가운데 그 기능이 가장 뛰어난 명인, 즉 임방울
    같은 사람에게 붙여진 이름.

개 펄

전라도 막막한 골 땅끝 어느 외딴 섬은
날궂이 바람 불고 우우우 바다가 울면
함부로 보이지 않는 신기루로 떠오른단다.

세월도 뒷짐지고 저만큼 물러선 자리
밀물에 부대껴서, 썰물 북새에 떠밀려서
유배지 무지렁 땅에 뿌리뽑힌 질경이다.

대명천지 밝은 날은 땡볕 외려 섬뜩해라.
하늘 밑창 맞물린 저 수평선 이고 서서, 초라니 망둥
이 새끼 3·4調로 헤갈대는, 진수렁 뻘밭 헤집는 따라지
民草들은 저마다 방패막이 울짱 같은 연막 친다.
한평생 자맥질하는 천덕꾸리 달랑게로.

'혼백 상자 등에다 지곡
가슴 앞에 두렁박 차곡
한 손에 비창을 쥐곡
한 손에 호미를 쥐곡
허위적허위적 들어간다'*

먼데서, 가까이서 덩치 큰 해일 다가서고
외나무 상앗대로 죄구럭 식솔들 거느리는
소금기 쓰라린 생애, 파도타기 목숨을……

숨죽인 후유 소리 노을 속에 숨겨나 놓고
빈 시렁 장대 위에 달도 하나 받쳐나 두고
더러는 두둥실 솟는 신기루로 떠올라라.

    * '혼백 상자……'는 제주 해녀 노래의 한 대목.

지노귀새남*
——우리네 鎭魂巫歌

살강 밑에 씻긴 밥풀 움 돋거든 오마던가

배 곯아 젖배 곯아 털북숭이 어린것의 혀 빼물고 죽
은 귀신,
누더기 몸뚱어리 태산 같은 병을 실어 시집 장가 못
가본 채 무명밭 다래처럼 허리 꺾인 몽달귀신,
동네방네 내돌리다 이 빠진 사발처럼 이놈 저놈 오금
밑에 썩은 새로 녹아내린 벌거숭이 각시 귀신,
피붙이 살붙이 없는 흉흉한 홍진세상 와석 종신 못
한 귀신,
붙일 데 없힐 데 없이 어눌한 검불 꼴로 지게 밑에 치
여 죽은 머슴살이 난발 귀신,
천연두 돌림병에 비루먹은 푸성귀 모양 약 못 쓰고
죽은 귀신,
살도 뼈도 추심 못 한 산등성이 風葬으로 갈가마귀
부리 끝에 찢긴 고기잡이 늙다리 귀신,
스무사흘 가뭄처럼 제사 한번 못 얻어먹는 비렁뱅이
꼽추 귀신,
까발긴 역사마냥 무덤 자리도 성치 못한 뗏장 밑에
웅크린 저 외톨박이 떠돌이 귀신,

궁하고 비천한 넋들 얼싸절싸 다 나오라.

파당 당쟁 아수라장 등 터져서 죽은 귀신,

풀 뿌리 나무 줄기 야금야금 갉아먹는 진딧물 모적처럼 간에 붙어 쓸개에 붙어 단물 쓴물 말아 먹고 나자빠져 죽은 귀신,

배동한 보리밭 이랑 돌개바람 휩쓸 듯이 앰한 사람 해코지로 정을 맞아 죽은 귀신,

너구리 비상 먹듯 녹봉을 잘라먹고 똥구멍이 빠진 귀신,

개 가죽 북장구로 허랑방탕 농치다가 급살맞은 난봉 귀신,

魂은 데치고 魄은 삶아 등신들아 다 나오라.

눈치코치 미처 몰라 함성의 와중에도 화살 피해 은신타가 철퇴맞아 죽은 귀신,

아전한테 들볶여서 두엄 속에 피신하다 객사죽음 선비 귀신,

쥐도 새도 모르게 물에 빠진 생쥐 모양 알지 못할 시궁창에 모로 누워 뒈진 귀신,

밭고랑 후미진 골짝 속 깊은 웅어리에 뼈마디 어혈 들어 깜부기로 시든 귀신,

앵돌아진 조가비 속 율법전서 미궁 속에 영영 갇혀

죽은 귀신,

  항쇄족쇄 칼을 쓰고 살갗 옹이 박인 귀신,

  초례청 굿청 마당 날것 먹고 구워 먹다 낙형당해 죽은 귀신,

  고대광실 朱門설주 돌쩌귀 들이받고 피 칠갑을 입은 귀신,

  뜬소문에 나불대다 혀를 빼어 도리깨치듯 치도곤을 맞은 귀신,

  볼기 터진 나으리 등쌀에 부은 감창 갈앉히고 방정떨다 주리틀린 남절양** 고자 귀신,

  소쩍새 귀뚜리에 恨을 팔고 죽은 귀신, 하릴없이 죽은 귀신, 까닭없이 죽은 귀신……

  이적도 잠 못 들어 항간을 헤매는데,

  그 누가 아픈 혼백 다 거두어 수렴할꼬, 거두어 수렴할꼬.

    * 지노귀새남: 죽은 사람 혼령을 천도시키는 굿.
  ** 남절양: 다산 정약용의 시 「哀絶陽」에 나오는 구절로 남자의
       생식기를 자르는 일.

해남 나들이

대흥사 장춘구곡
살얼음도 절로 녹아
마애 여래상의 광배를 입고 서서
땟국을, 홍진 땟국을
헹궈내는 아낙들.

그 옛날 유형의 땅 남도 끄트머리.
백연동 외진 골짝 고산고택 녹우단의 겨우내 움츠린
목숨, 풀꽃 같은 백성들아. 직신작신 보리밭 밟듯 돌개
바람 휩쓸고 간 동상의 뿌리에도
무담시 발싸심하는 봄 기별은 오는가.

개펄 가로지른 비릿한 저 해조음.
뱃머리 서성이는 털북숭이 어린것의
소쿠리 크나큰 공간에
산동백이 그득하다.

새물내 물씬 풍긴 파장의 저잣거리.
어물전 세발낙지, 관동명물 해우도 불티나고
텁텁한 뚝배기 술에 육자배기 신명난다.

겨울 나들이

그 무슨 섭리마저 옭아맨 동토 속에
얼음장 밑자리를 간질이는 여울 손길
어기찬 役事를 두고 말을 차마 삼가나.

수천 길 벼랑인가, 아득한 궁륭 밖은
아직도 이가 시린 저 바람 사금파리
어느 먼 애정의 누적 이 아픔을 달랠까.

安否
──어느 싸움터인가, 내 아우여

金낚시 드리우는 초승달 앞녘 강에
깎인 돌의 초연 냄새 피로 씻지 못한 자리,
어머님 품안을 떠난 罪구렁의 어린양.

역한 바람 풀어 헤쳐 철새 등에 띄운 안부
못다 푼 긴긴 說話 실꾸리로 감기는데
저 하늘 닫힌 문밖에 벽을 노려 섰는가.

누다비아 산허린가 빗발치는 가시덤불
세계의 귀가 얽힌 불행의 수렁길에
거미줄, 거미줄 사이 겨냥하는 눈망울,

선불맞은 짐승처럼 파닥이는 나비 죽지,
한 떨기 목숨 가누어 내젓는 기구의 손,
그 무슨 깃발을 안고 너는 끝내 포복하나.

뒤틀린 사랑 타며 포효하는 나의 士兵.
동남아 밤을 밝혀 무지개 지르는 날
떨리는 그 입술 모아 더운 김을 나누자.

探索 1

드억센 칼을 가는 저 바람 음험한 모사
'웃음을 *經濟하는*' 파시 같은 바다의 장식도
다시금 악몽을 푸는 진종일의 자맥질.

일찍이 스산했던 일상의 노대 밖은
서슬 푸른 파도덩이, 가슴 그 뻑뻑한 경련,
쟁취의 잇자국 새로 묻어나는 살점이다.

엘니뇨, 엘니뇨*

들끓는 적도 부근 소용돌이 물기둥에
우우우 높새바람, 태평양이 범람한다.
엘니뇨 이상 기온이 내안 가득 밀린다.

날궂이 구름 덮인 심란한 나의 변방.
이름 모를 기압골이 상승하고, 소멸하는……
엘니뇨 기상 이변이 거푸 밀어닥친다.

바닷가재, 온갖 패류, 숨이 찬 산호초에
우리 친구 물총새 끝내 세상 뜨는구나,
저마다 세간을 챙겨 브릉브릉 뜨는구나.

* 엘니뇨 현상: 이상 조류가 갑자기 밀려오는 기상 이변 현상.

땅 끝

반도 끄트머리
땅끝이라 외진 골짝
뗏목처럼 떠다니는
전설의 돌섬에는
한 십년
내리 가물면
불새가 날아온단다.

갈잎으로, 밤이슬로
사뿐 내린 섬의 새는
흰 갈기, 날개 돋은
한 마리 백마였다가
모래톱
은방석 위에
둥지 트는 인어였다.

상아질 큰 부리에
선지빛 깃털 물고
햇살 무등 타고

주몽의 하늘

그리움도 한 시름도 潑黑으로 번지는 시간
닷되들이 동이만한 알을 열고 나온 주몽
자다가 소스라친다, 서슬 푸른 살의를 본다.

하늘도 저 바다도 붉게 물든 저녁답
  비루먹은 말 한 필, 비늘 돋은 강물 곤두세워 동부여
치욕의 마을 우발수를 떠난다. 영산강이나 압록강가 궁
벽한 어촌에 핀 버들꽃 같은 여인, 천제의 아들인가 웅
신산 해모수와 아득한 세월만큼 깊고 농밀하게 사통한,
늙은 어부 河伯의 딸 버들꽃 아씨 유화여, 유화여. 태백
산 앞발치 물살 급한 우발수의, 문이란 문짝마다 빗장
걸린 희디흰 謫所에서 대숲 바람 소리 우렁우렁 들리는
밤 발 오그리고 홀로 앉으면 잃어버린 족문 같은 별이
뜨는 곳, 어머니 유화가 갇힌 모략의 땅 우발수를 탈출
한다.
  말갈기 가쁜 숨 돌려 멀리 남으로 내달린다.

아, 아, 앞을 가로막는 저 검푸른 강물.

금개구리 얼굴의 금와왕 무리들 와와와 뒤쫓아오고

막다른 벼랑에 선 천리준총 발 구르는데, 말 채찍 활등
으로 검푸른 물을 치자 꿈인가 생시인가, 수천 년 적막
을 가른 마른 천둥 소리 천둥 소리…… 문득 물결 위로
떠오른 무수한 물고기, 자라들, 손에 손을 깍지끼고 어
별다리 놓는다. 소용돌이 물굽이의 엄수를 건듯 건너 졸
본천 비류수 언저리에 초막 짓고 도읍하고, 청룡 백호
주작 현무 사신도, 포치하는, 광활한 북만 대륙에 펼치
는가 고구려의 새벽을……
  둥 둥 둥 그 큰북 소리 물안개 속에 풀어놓고.

미역 바람 길들여오는,
불잉걸
발겨서 먹는
그 불새는 여자였다.

달무리
해조음
자갈자갈 속삭이다
십년 가뭄 목마름의 피막 가르는 소리
삼천 년에 한 번 피는

우담화 꽃 이울 듯
여자의
속 깊은 宮門
날개 터는 소릴 냈다.

몇날 며칠 앓던 바다
파도의 가리마 새로
죽은 도시 그물을 든
낯선 사내 이두박근……

기나긴
적요를 끌고
훠이, 훠이, 날아간 새여.

내재율 1
──길쌈

석영빛 베동정의
썰렁한 소저 눈매,

아지랑이 곰실대는
부화의 봄 소동은

되살아 피 도는 감성,
챙기었네 새 세간을.

꾀꼬리 속깃 같은
명주실, 꿈오라기

그리움의 꾸러민가
고무래로 자아올려

발돋움 美學을 짜는
앵두가슴, 그 손결이.

완자창에 잦은 가락,
목금 소리 베틀 놀이.

삼단머리 허릴 휘어
설레는 신명 따라

금슬의 피륙을 감는
내 사상은 말콧대.

날줄 씨줄 잉아귀로
한세월 자개수 놓듯

우리네 사랑의 의미,
몇 겹으로 풀어 헬까

바디질 멈출 새 없는
열두 자락 내재율.

내재율 2
—— 아침 영가

사타구니, 겨드랑이
깃털이 싹틀 무렵

풀이슬을 받쳐든 내
애정의 끝자락은

등넝쿨 요람을 틀 듯
새둥지나 엮던가.

대머리 마루턱을
문지르는 아침 햇살.

분사광선 한 조각을
발겨 먹은 뒷날처럼

예지의 띠, 金띠 두른
새끼 제비 주둥이여.

온몸에 속속들이
신열 같은 은혜의 불,

연옥인가 동구 밖을
휘돌아온 바람 앞에

삭신을 맞비비는 저
나뭇잎의 통성기도.

내재율 3
──봐요레타 삽화집

창틀에 부리 비벼
금슬 뜯는 새떼같이

피 사위는 가슴패기
물이랑을 추스려도

먼 하늘 사립문 밖에
밤을 다뤄 타는 심상.

묵주알 목걸이의
포도다래 그늘 사이

우리 삶의 뜨개질의
바늘귀를 넘나들 듯

한세상 꽃노을 속에
뜸들이는 사랑을.

무너진 옛 성당의
죽은 수녀 얼굴들이

못다 핀 그 상사의
그리메와 춤을 출 때

빈 뜨락 맨발로 내려
달빛 아래 홀로 서리.

내재율 5
—— 전원 영가

쑥구렁 칡뿌리나
송기를 발기던 날

애정처럼 떠오는 달
銀물결을 출렁이듯

내 영혼 교교한 골에
깃 사리는 학 한 마리.

산 허리 물 허리에
신록의 치맛자락

풀 수풀 요람 아래
흔들의자 삐걱일 때

금슬은 색실로 내려
새둥지나 틀던가.

온 세상 물매 재어
덧문 한 장 곁들인 뒤

손때 어린 문설주의
부적마다 별이 뜨면

이승을 다 헤고도 남을
거문고의 여운이여.

불 지펴, 빈 심령의
묵정밭에 향불 지펴,

우리 삶의 쟁기질의
보습 닳는 한세월을

나 훨훨 꽃노을 속에
저 하늘을 누벼 갈까.

머리카락, 센 카락의
갈꽃처럼 해로한 뒤

거미줄 한을 풀어

묘비명을 휘감아도

천년 그 기찬 사랑을
아, 흙발인 채 외오 서리.

다비문

두 가닥 솔잎같이
해로할 푸른 연분

세상사 이내 속에
등을 잠시 받쳤단다

그 가지 등걸에 맺혀
한줌 흙의 풍화로.

이 목숨 더운 정기
끝끝내 불꽃인걸

평생 두고 재우지 못할
瞋失의 티 하나도

모래펄 달빛을 누벼
다 쓸었다 답하라.

차라리 숨이 겨워
혀끝 절로 내두르는

실오리 연기 자락
뼛가루 흩날릴 때

내 영혼 해가 이울면
어느 결에 머물까.

Ⅱ. 바람집
——박시교 편

바람집 1

내 곁을 아주 떠난
친구여 자넬 위해
미처 한 소절 노래도 나는 장만치 못했구나
가슴만 그렇케 하는 단지 그런 섭섭함뿐

청진동 막소주집
자네 몫의 빈 잔엔
철철 넘치게 가득가득 채워지는 한 잔의 바람
아 바람, 미처 못다 부른 『청보리의 노래』여

  * 『청보리의 노래』는 작고한 임홍재 시인의 유고 시집.

바람집 2

갈대가 갈대끼리 몸 비비는 언덕에 서면
세상은 더없이 크고 공허한 바람집 한 채
갈꽃만 헛말처럼 날리는 바람집 한 채

이길 수가 없다 오늘 이 벅참들을
비늘 돋던 신명들은 강으로 흘러가고
마음속 깊은 곳으로부터 일어서는 파도여

갈대여, 네 가난한 생각 하나로는
이 아득한 우주를 지킬 수가 없다
망연히 그저 섰을 뿐
헛말만 흩뿌릴 뿐

너의 강 1

가서 오지 않는 것
세월뿐이 아닙디다

때로 자지러지고 녹아들고 솟구치고 하던 그런 삶의
숱한 거품들이 어찌 흘러가는 저 물과 같다 하겠습니까.
어제 흘러간 물은 이미 오늘의 강물이 아니듯 우리의
마음도 그렇게 마냥 흘러만 가게 마련입디다.

네 안의 강 같은 평화
내게도 넘칩디다.

너의 강 2

저무는 강가에 앉아
흐르는 세월을 본다

반짝이는 저 물비늘, 이슬보다 아름답구나. 씻어도
씻어내려도 끝내 다스릴 수 없던 멍울, 그대 가슴속 깊
이 별로 묻었으리. 멀미나던 삶의 구비마다 숨죽여 울던
그 사랑도 함께 묻었으리, 못다 부른 노래마저도.

저무는 강가에 앉아
그대 눈물을 본다

낮 달

그대 숨어서 우는 천만 자 눈물의 샘
한밤내 깃고 깃다 곤해 지친 잠의 면적이여
오, 부신 빛의 소나기 앞에 눈뜨지 못함이여

무미 1
―― 빈 잔

불러서 따뜻한 이웃들 모두 떠난 빈자리
아픔도 열두서너 번 빈 껍질을 벗고 나면
속차던 살 속의 살도 더러 돌이 되던가

겨우내내 솔잎 닮아 청청히 산다지만
돌문 앞을 서성대는 바람의 허세거나
제풀에 녹아지듯 한 눈발 그것 아닌가

꽃이나 풀잎 보며 말없이 사는 이를
한번쯤 찾아가서 가슴을 나누는 일
그 일도 지금 우리에겐 헛헛한 그리움

하 산

늦은 봄 개나리도
이미 다 혼절한 때
수유리 화계사 뒤
산길을 오르다가
등 굽게 山色을 업은
공초 선생을 만나다.

'산은 없네, 내려가면
저 밑에 있을 테지……'
집도 절도 산도
가진 적 없는 공초여
눈 들어 하늘을 보니
거기 산이 있었네.

무미 6
—— 달이에게

일부러 돌아오는 길섶의 수풀 한 잎
눈물인 듯 눈물인 듯 맺힌 이슬과 만난 잠시
갈증은 놀처럼 타고 멀리 누운 산등성

한때의 이 실명도 연밥처럼 잘은 익고
그 무엇도 가슴 톺긴 다 저문 하루의 끝을
그림자 장승처럼 끌고 아주 천천히 돌아온다

친구여, 만남 후에 오는 이 허망을 어쩔거나
산이 쩡쩡 울고 난 뒤 고느적 절터만 남듯
그 터에 이승만한 번뇌로 정을 들어 쪼는가

무미 9

죄다 돌아간 뒤 쓸고 있는 한 마당 정적
그런 정적 갈볕처럼 잔잔히는 젖어오는 때
무시로 가슴 톺던 아픔도 그렇게는 여물리라

어느 날 늦은 귀로에 문득 생각던 죽음
죽음 한 끄나풀로 저승 난간 동여매면
놀 밖엔 온몸의 피가 물파래쳐오던 것

흰밤을 뜬눈 밝힌 이유야 모른다 치고
한 소절씩 잃어가는 내 뜨겁던 노래여
노래여, 허공을 쌓은 이승만한 바람이여

무미 11

좀은 서럽고 억울턴 눈물 한 짜투리
이른봄 보리 밟은 듯 꼭꼭 밟아둔 채
오늘은 종로 인경을 몸째로 부딪쳐라

아아, 얼마 만인가
인경이여 네가 울면
이미 깊이 잠든 자
새벽눈을 다시 뜨고
그리도 오오래 역류턴 피가
이제금 다시 흘러라

진실은 숨어서도 전혀 부끄럽잖고
속살을 달아오는 숯불 같은 이 뜨거움
동해여,
네 일출 앞에서 차라리 눈을 감으리

무미 12

오늘 이 얘기들은
죄다 산으로 가라
가서 훗날에나 필
철쭉꽃빛 그 핏빛

멀찍이 봄도 비켜서 갔다는
내 가슴속 동토여

이른 아침 갓 채굴한
무력한 나의 어휘
생수로 씻어내도
공복 같은 아림에야

하늘도 나직이 내려앉아
천근 무게인 오늘

겨울강

오늘 이 아픔들을 말로 다 못 할 것이라면
무심히 그냥 그렇게 겨울강을 가보아라
은밀히 숨죽여 우는 겨울강을 가보아라
짙푸르던 강줄기는 얼붙어 멈추었고
산도 굴릴 것 같던 그 몸부림도 멎었노라
누구가 이 뜻 알겠노라면 죽어서 묵도하라

귀기울이면 선한 소리, 내심의 너 겨울강아
근심의 잔뿌리랑 잔기침의 매듭꺼정
이대로 잠보다 긴 꿈, 꿈에 갇힌 겨울강아

이제 우리네는 밤중에도 눈을 뜨고
가슴속은 임의로 문신한 햇덩이가 탄다지만
가진 것 다 뿌려준 후에 가득차는 이 절망아
한숨의 이 씨날에 날줄은 무얼 넣나
없는 것은 다 좋고 하나쯤 있었으면 싶은
뜨거운 숨의 뜨거움을 빙판 눕힌 겨울강아

보겠는가, 눈뜨고 눈감고 보겠는가
무심히 그냥 그렇게 겨울강을 보겠는가
상류로, 상류로부터 걱정만 쌓은 겨울강아

Ⅲ. 팽 이
　　——이우걸 편

팽 이

처라, 가혹한 매여 무지개가 보일 때까지
나는 꼿꼿이 서서 너를 증언하리라
무수한 고통을 건너
피어나는 접시꽃 하나.

방 3

내가 그리움에 철없이 눈을 떴을 때
방이여, 너는 말없이 창문을 열어주었다.
그곳엔 초설을 맞는
나목들이 서 있었다.

내가 증오에 철없이 눈을 떴을 때
방이여, 너는 말없이 커튼을 드리웠다.
그곳엔 사유를 위한
촛불이 켜져 있었다.

물

1

동생처럼 먼저 잠이 든
아내를 바라보다가
별스런 욕심 없이도
그녀를 건너게 되고
우리는
그때 일어나
한 그릇의
물을 찾는다.

놋그릇에 담겨 있거나
더운 가슴에 괴어 있거나
더 깊숙한 어디에서도 우리가 만나야 하는
해갈의 고운 영토를
기다리며 사는 것일까.

2

둔탁한 벽시계가 하루를 밟고 가고
밟고 가며 남겨두던 검붉은 그늘은 자라
어느 역 뜨락엔 지금,
가을비가 내리고 있다.

세 수

여명까지 따라오면서 집을 짓던 꿈의 허구를
찬 대야에 담아놓고 냉랭히 바라보면
비켜선 우리 틈만큼 파도 소리가 아프다.

더러는 웃어넘겨도 끝내 숨어 앓고 사는
치열한 이 환난 곁에 무지는 약이 되는데
아 누가 통증의 깊이를
온몸으로 건지고 섰네.

뉘우침이 몰래 와서 문을 여는 일요일처럼
내 어제 죄스럽던 것 또 이렇게 씻어보고
그래도 남는 게 있다면
소중히 가지고 싶다.

새벽 종소리

새로 여는 이승 하늘을 기도 같은 음결 하나
그 파신의 울음이 절며 찾아나선 세상에는
희디흰 거부의 손만 버섯처럼 눈을 뜬다.

문 열어라 문 열어라 문 열어라 문 열어라
십리 밖 가슴속까지 병이 되어 깊어와도
철망의 우리 담장엔 살을 에는 바람이 산다.

결국은 동구 밖쯤서 물소리로 섞이고 마는
우리네 가슴에 와선 한번 물어보지도 못하는
때 없이 선량하기만 한 저 공복의 종소리.

해질 무렵 1

아침에 꽃이 피었다
맑은 이슬이 맺히었다
맺혀 있는 이슬 사이로 검은 바람이 지나갔다

이윽고 꽃잎 하나의
세상이 지고 있었다.

의 자

이미 예비해둔 신의 계시처럼
식탁 위에 놓여 있는 정결한 수건처럼
노동의 하루를 위해
마련해둔 작은 의자.

먼 길이 지워지고 채송화는 잠이 들고
회색빛 저녁 숲들이 노을 속에 묻힐 때면
묵묵히 뜰에 나와서
주인을 기다리는.

빈 배에 앉아

1

빈 배에 앉아 바다를 바라보니
달빛은 탄환처럼 어둠 속에 박히는데
누군가 머언 곳에서
안타까운 손을 흔든다.

제 가진 전신으로 한 하늘을 건져내려고
제 가진 전신으로 한 바다를 건져내려고
등대는 떨리는 손을 허공에 걸어놓았다.

2

외로운 사람들이 파도를 지키는 동안
바다는 많은 울음을 그 가슴에 묻었지만
시대는 표정도 없이
그들을 비켜갔다.

어쩌면 이것들은

가을 꽃잎 같은
아이들 찬송가 소리
정원은 일어나서 잎새의 작은 귀로
교회당 흰 벽에 쌓이는
노래를 듣고 있다.

섬길 이 없어도 고운
한나절 그 봄날을
하늘엔 마음처럼 둥둥 구름이 가고
햇볕은 가지에 닿아
천사의 얼굴을 한다.

어쩌면 이것들은 어젯밤 꿈이었을까
바람이 무심히 와서 나뭇잎을 흔들어도
이 강산 뼈에 사무친 칼소리가
걸어나오네.

섬

너는 위안이다 말없는 약속이다
짓밟혀서 돌아오는 어두운 사내를 위해

누군가 몰래 두고 간
테라스의 불빛 하나.

단풍물

가을에는 다 말라버린 우리네 가슴들도
생활을 눈감고 부는 바람에 흔들리며
누구나 안 보일 만치는 단풍물이 드는갑더라.

소리로도 정이 드는 산개울가에 내려
낮달 쉬엄쉬엄 말없이 흘려보내는
우리 맘 젖은 물 속엔 단풍물이 드는갑더라.

빗질한 하늘을 이고 새로 맑은 뜰에 서보면
감처럼 감빛이 되고 사과처럼 사과로 익는
우리 맘 능수버들엔 단풍물이 드는갑더라.

편 지

스쳐만 가도 신열 나는
내 마음은 검정 실밥
젖은 옷자락 기워
눈먼 수를 놓으면
등피에 쌓인 일력만
행 밖에서
떨다 간다.

비

나는 그대 이름을 새라고 적지 않는다,
나는 그대 이름을 별이라고 적지 않는다,
깊숙이 닿는 여운을
마침표로 지워버리며.

새는 날아서 하늘에 닿을 수 있고
무성한 별들은 어둠 속에 빛날 테지만
실로폰 소리를 내는
가을날의 기인 편지.

가을 언덕

가을 언덕이 조용히 누워 있다
풀잎의 중한 병과 벌레 울음 거느리고
영혼을 가로지르는
江줄기도 바라보며.

무심히 던진 돌들 이마 위에 떠 있고
때묻은 피와 살결 한결 더 잘 보이는
가을날, 우리 속죄의
한 나신이 누워 있다.

落 花

잠든 소녀 머리맡을 라디오가 지켜선 오후

분홍빛 얼굴을 한 음악이 기웃거리다, 흰 벽에 쏟아
지는 뉴스와 부딪치고, 부딪쳐서 피 흘리고 피 흘리며
사라지고, 사라지는 얼굴을 밟고 누군가가 일어서고

──그녀의 봄꿈 속에도 복사꽃이 지고 있을까?

Ⅳ. 물총새에 관한 기억
——유재영 편

물총새에 관한 기억

작자 미상 옛 그림 다 자란 연잎 위를
기름종개 물고 나는 물총새를 보았다
인사동 좁은 골목이 먹물처럼 푸른 날

일곱 문 반짜리 내 유년이 잠겨 있는
그 여름 흰 똥 묻은 삐딱한 검정 말뚝
물총새 붉은 발목이 단풍처럼 고왔다

텔레비전 화면 속 녹이 슨 갈대밭에
폐수를 배경으로 실루엣만 날아간다
길없는 길을 떠돌다 되돌아온 물총새

봉숭아꽃
—— 북으로 간 화가 李快大

그것은 문서처럼 감춰진 비밀이었다
어둠 저쪽 누이의 울음같이 꽃은 피고
혼자 핀 꽃의 수화는 아무도 알지 못했다

어느 날 가만 보면 정맥처럼 뛰는 꽃!
함박눈이 퍼붓고 소쩍새 우는 밤도
꽃으로 살아 생전을 붉은 완장 같았다

가을 손님

여름이 떠나가는 마른 풀잎 사이로
밤새 벌레 울음이 기둥처럼 하얗고
쓰다 만 그대 안부가 반쯤 젖어 있구나

놓아둔 어둠 저쪽 길 밖에 길이 있어
기억의 地番으로 목선 저어오는 이
내 갈밭 그 몇 평 근심 서걱이며 오는 이

그해 가을 월정리

적막한 무게 이고 서서 피는 들꽃이여
투명한 기척으로 별똥별이 지고 있다
──길 숨긴 잡목림 너머 등불 켜는 작은 집

어느 마을 누군가 이별을 하고 있나
쇠기러기 날개 소리 먹물처럼 번져가는
대숲은 음력달 한 채 가슴속에 묻었다

다시 월정리에서

정강이 말간 곤충 반점으로 울고 있는

등 굽은 언덕 아래 마당 넓은 집이 한 채

나뭇잎 지는 소리가 작은 창을 가리고

갈대꽃 하얀 바람 목이 쉬는 저문 강을

집 나간 소식들이 말없이 건너온다

내 생애 깊은 적막도 모로 눕는 월정리

여울목 한나절

허리 가는 바람이 자꾸만 간지러워

뿔대 말간 달팽이 천천히 옮겨가고

장다리 푸른 꽃대엔 봄을 물고 앉은 새

낮달도 풀물이 든 여울목 한나절은

피부 하얀 햇빛들이 레이스를 짜고 있다

호밀밭 지나서 오는 메아리도 은빛이다

익명의 등불

풀무치 날아간 숲 무슨 일이 일어나다

자음과 모음으로 다 못 쓰는 수사학

우리들 삐삐꽃 사랑 등성이를 넘는다

억새에 베인 바람 우우우 몰려가고

초롱꽃 이운 자리 멀리 가는 향기 있어

그날 밤 잠 못 이루던 익명의 등불 하나……

背 面

어디 큰 그늘이 무너지고 있는가,
한 획 간격으로 털려가는 어두움
더러는 소문을 풀어 뒷안부도 찾느니.

누군가 그 무엇의 마지막을 숨기고
조금씩 흔들리는 이후의 背面,
그 위로 삭은 달 한 채, 버려진 듯 떠 있다.

북풍권

지난 여름 벼락들은 녹이 슬어 묻혀 있고
들판으로 번져오는 낭자한 저 그림자
어디서 빈 마차 소린 눈길마저 덮겠구나.

목 잘린 바람들이 우우우 달려온다.
친구여, 훗훗한 감성으로 저 뜨락을 쓸겠나.
새들도 검은 죽지의 흰 비늘을 털고 있네.

그 어둠 질량들을 가만가만 덮어가면
착하게 분질러놓은 달빛들이 모여 있고
반쯤은 무너진 봄을 삽질하는 손도 있다.

남풍권

내 손금 어둔 골짝 풀려나는 이 쾌청
흘러간 여울목엔 목이 하얀 새 울음이
감춰온 무지개 한 필 저 평원을 걸치고

연둣빛 지문들로 묻혀 잠든 하늘 어디
경사진 뉘 꿈밭 뒤적이던 풀무치는
고 동작 손에 얹힐 듯 푸른 운만 쪼아대네

남강도 한 동강은 수월래로 떠는 가슴
도롱뇽 우는 먼데 토란잎도 말리고
누구가 달려와서는 잊은 주소를 묻고 간다.

어둠의 질량

뿌리 깊이 불을 묻고
한 그루 꽃이 되길
꽃이 되어 저문 땅 반짝이는 눈물이길
멀리서 바라다보면
몸을 안고 우는 것
강물과 무덤들과 눈 쌓인 벌판들과
희디흰 박자 소리 그 깊이로 짚어가면
크낙한 적막을 깨고 차가운 새 울음이……
그렇다,
어둠은 어둠의 부피만큼
만년을 가라앉고 남은 것이 또 있어서
저리도 쌓이는 무게,
몸을 안고 우는 것

강물 뒤의 도시
—— 헤르만 카사크의 소설 제목에
'강물 뒤의 도시'가 있음

점선처럼 내리는 그날의 어두움
자꾸만 쫓겨가는 어디론가 쫓겨가는……
도시는 비어 있었어 적막한 달만 한 채

야윈 강을 배경으로 떠난 이는 오지 않고
개망초 사잇길로 자욱한 버레울음
그 시간 신호탄 하나 기립하고 있었어

월포리산조

녹슨 배경 하나 비스듬히 버려졌고
그날 밤 빈 배 두엇 저음으로 가라앉는
바다는 4악장쯤서 가로 접혀 있었어

하얀 뼈로 떠오르는 달이며 늙은 구름……
누군가가 가만히 해안선을 끌고 와서
먼 기억 풍금 소리를 꺼내 듣고 있었어.

생가의 밤

종갓집 용마루에 낙관 같은 달이 뜨고

우리 누님 울음처럼 워라꽃이 지고 있다

스무 살 나의 어둠도 함께 지고 있었다

언제나 흰 두루막 해서체로 꼿꼿하신

아버지는 일생을 먹을 갈 듯 사셨다

사랑채 큰 그림자가 빈 뜰 가득 젖는 밤

가을韻

오는 봄 가는 봄을 쑥국이만 날리더니
왼 여름 두고두고 꽃물만을 재우더니
새로이 이 가을 들자 귀뚜리로 우는 손톱.

강바람을 소작하는 쑥내 하얀 언덕빼기
뉘 감밭을 질러왔나 저 기러기 떫은 목청
소년은 휘파람 한쪽을 파랗게 닦고 있다.

손금 행간마다 화안히 불을 써고
가을을 서두 빌려 고이 접은 사각 봉투
마음은 마른 삐삐꽃 산번지를 덮는다.

누이여, 아우여

오늘도 재봉 소리 도롱뇽 울음 같고
떠나온 고향 하늘 실밥처럼 다가서는
누이야, 네 젖은 눈썹 간지처럼 새롭다

이 밤도 모의하는 강 건너 공장불빛……
지난봄 가출한 내 아우의 일기 속엔
금속성 낮은 기압이 일행으로 가고 있다

형식과 의식의 틈, 그 네 가지 해결 방법

조 남 현

『네 사람의 얼굴』이라는 제목 아래 윤금초·박시교·이우걸·유재영 등 네 중견 시조 시인의 시조집을 묶게 된 것은 오늘날 우리 현대 시조의 위상을 잘 암시해주는 결과를 보인다. 어려운 여건이기는 하지만 현대 시조 전문 문예지들도 나오고 있고 또 현대 시조집을 전문적으로 간행하는 출판사도 있기는 하다. 그리고 네 시인의 합동 시조집을 내는 것 그 자체가 의미있는 일임도 부정할 수 없다. 그럼에도 조그만 바람이 있다. 바라건대는, 시집의 진문직 출판으로 이비 권위가 붙은 '문학과지성' 시인선에 이 네 사람의 각각의 독립된 시조집들이 들어가는 날이 빨리 와야 한다. 현대시 시집 시리즈에 현대 시조집이 예외적인 존재로 끼여드는 것보다는 비록 소수이기는 하지만 '포함되어야 할' 존재로 참여하게 되는 것이 소망스러운 일이 아닌가.

『네 사람의 얼굴』에는 「꽃의 변증법」「바람집」「팽이」
「물총새에 관한 기억」 등과 같은 제목 아래 각각 12편에
서 16편까지가 실려 있다. 이러한 소제목들을 보면 잘
알 수 있듯이 이 합동 시조집은 네 사람이 제각기 다른
악기들을 가지고 나와 협주곡을 하는 분위기를 주고 있
다. 세계를 인식하는 태도나 노래하는 방법이 저마다 틀
린 이 네 시인의 작품을 통해서 오늘날의 현대 시조의
넓이와 깊이를 쉽게 헤아릴 수 있게 된다. 작품 자체만
보면, 박시교와 유재영은 시조란 존속하기만 해도 다행
이라는 생각을 지닌 듯하고 윤금초와 이우걸은 시조는
새로워지고 달라져야 한다는 인식을 갖고 있는 것으로
보인다. '현대 시조'에서 '현대'에다가 역점을 두는 사
람들의 입장에서는 윤금초와 이우걸이 박시교와 유재영
보다는 적극적인 경우가 된다. 시조에 관한 한, 박시교
와 유재영이 전통주의에 가깝다면 윤금초와 이우걸은
탈전통주의의 색채가 짙은 편이다.
　다시, 박시교와 유재영 사이에도 분명한 차이가 있고
윤금초와 이우걸 사이에도 뚜렷한 간격이 있다. 형식이
나 기교를 중시한 면에서는 오히려 윤금초와 유재영이
한 짝을 이루게 되고 시인의 의식 세계에 더 큰 관심을
가진 면에서는 이우걸과 박시교가 한 갈래를 이루게 된
다. 같은 탈전통주의자이면서도 윤금초가 전통적인 형
식을 기본형으로 취하고 있는 가운데 과감하고도 시원
스럽게 외형면의 실험을 꾀하고 있는 데 비해 이우걸은
시조를 현대시에서 흔히 보이는 내면시(內面詩)의 공간
으로 새롭게 꾸미려고 애쓴 흔적을 드러내고 있다. 윤금

초는 주로 외형의 면에서, 이우걸은 주로 의식의 면에서 시조 양식에 얽힌 이제까지의 통념을 파괴하려고 하였다.

윤금초가 시조의 외형을 새롭게 꾸며보려고 한 시도는 「사물놀이」「개펄」「주몽의 하늘」등 여러 편에서 감지된다. 「사물놀이」는 시조 형식에다가 「정읍사」의 일절을 접목시키고 있다. 「사물놀이」는 평시조+평시조+정읍사 한 절+평시조+사설시조로 구성되어 있다.

그냥 그 무명 적삼, 수더분한 매무새로
폭포수 쏟아놓다 바람 자듯 잦아드는,
신바람 자진모리에 애간장을 다 녹인다.

'둘하 노피곰 도드샤
어긔야 머리곰 비취오시라
어긔야 어강됴리
아으 다롱디리'

얼마나 오랜 날을 움츠린 목숨인가.
관솔불도 흥에 겨워, 흥에 겨워 글썽이는
'어긔야 어강됴리
아으 다롱디리'

그는 사물놀이의 흥취가 고조되는 것을 효과적으로 표현하기 위해 속요의 한 부분을 빌려와 독립된 시조 한 수처럼 배치해놓았고 이것 다음의 시조의 종장은 여음

(餘音)으로 대치시켜놓았다. 정읍사의 한 부분을 원용한 것도 특이하거니와 정읍사의 여음을 종장으로 끼워놓은 것도 신선하다. 마지막 수는 사설시조로 처리하고 있어, 결국 「사물놀이」는 앞의 두 평시조가 거듭 나타나는 것을 제외하고는 제각기 틀린 시조형이 모여 있는 형상이 된다. 여기에 오면 사물놀이는 홍을 지나 민초들의 한바탕의 한풀이의 시간이 된다. 첫째 수와 둘째 수가 평시조 형식을 취하고 있던 것이 사물놀이의 고조되는 홍을 감당하지 못한 나머지 속요의 여음을 불러들였고 사설을 취하게 된 것이라고 할 수 있다. 「사물놀이」는 기본적으로 형식이 내용을 감당하지 못하는 시조 양식의 오래 된 숙제를 드러내고 있으면서 동시에 그것의 한 해답을 잘 보여주고 있다.

「개펄」은 평시조＋평시조＋사설시조＋민요 한 대목＋평시조로 짜여져 있다. 여기에서도 민요 한 대목은 독립된 형태로 처리되고 있다. 이 작품의 경우, 평시조가 '정물화'의 방법으로 되어 있다면 사설시조와 민요는 역동성의 원리로 지탱되고 있다. 첫째 수와 둘째 수가 경치를 그리고 있다면 사설시조와 민요는 바닷가 민초들의 가난하고 허망한 삶의 세계를 그려내고 있다. 섬은 "함부로 보이지 않는 신기루로 떠오른단다"는 구절처럼 한 폭의 풍경화로 그려지고 있지만, "한평생 자맥질하는 천덕꾸리 달랑게로" "소금기 쓰라린 생애, 파도타기 목숨" 등과 같은 표현이 일러주고 있는 것처럼 가난하고 쓸쓸한 삶을 더욱 잘 음각시켜주고 있다.

「사물놀이」와 「개펄」이 '요(謠)'의 형식을 시조에 접

목시키고 있는 반면 「주몽의 하늘」은 서사시의 형식을
흡수하고 있다. 고구려 시조 고주몽의 초인적 풍모를 노
래하고 있는 이 시조는 평시조 한 수와 사설시조 두 수
로 구성이 되어 있는데 이때 사설시조의 중장은 서사시
의 분위기를 보여준다. 물론 이러한 판단을 하게 된 데
는 소재가 영웅적 인물이라는 점이 작용한 면도 있을 것
이다.

　　금개구리 얼굴의 금와왕 무리들 와와와 뒤쫓아오고
막다른 벼랑에 선 천리준총 발 구르는데, 말 채찍 활등
으로 검푸른 물을 치자 꿈인가 생시인가, 수천 년 적막
을 가른 마른 천둥 소리 천둥 소리…… 문득 물결 위로
떠오른 무수한 물고기, 자라들, 손에 손을 깍지끼고 어
별다리 놓는다. 소용돌이 물굽이의 엄수를 건듯 건너 졸
본천 비류수 언저리에 초막 짓고 도읍하고, 청룡 백호
주작 현무 사신도, 포치하는, 광활한 북만 대륙에 펼치
는가 고구려의 새벽을……
　　둥 둥 둥 그 큰북 소리 물안개 속에 풀어놓고.

　　「주몽의 하늘」은 외형은 시조이지만 분위기나 내용은
서사시로 되어 있다고 할 수 있다. 이렇듯 시조에다기
다른 시가 양식을 접목시키거나 흡수하는 것은 시조 형
식의 확대나 개신을 꾀하는 의도를 지닌다. 윤금초는 시
조 양식을 닫힌 형식에서 보다 가능성이 풍부한 열린 형
식으로 풀어놓으려 한 것이다. 위의 "둥 둥 둥 그 큰북
소리 물안개 속에 풀어놓고"에서 볼 수 있는 것처럼 서

사시적 구조와 분위기를 보여주고 있는 중장이 17자의 간단한 종장으로 한꺼번에 몰려들어가는 것은 극적인 전환이라고 하지 않을 수 없다.

윤금초의 작품 가운데는 시조 형식의 확대를 꾀하는 과정에서 논란을 불러일으킬 법한 것도 있다. '우리네 진혼 무가(鎭魂巫歌)'라는 부제가 붙어 있는 「지노귀새남」은 태생이 시조냐 무가냐 하는 근본적인 질문을 하게 만든다. 「지노귀새남」은 "궁하고 비천한 넋들 얼싸절싸 다 나오라" "혼(魂)은 데치고 백(魄)은 삶아 등신들아 다 나오라"는 중간 매듭의 기능을 행사하는 구절에서 볼 수 있듯이 환과고독과 같은 불우한 존재들, 부도덕하거나 불법적인 존재들, 비참하게 당한 존재들을 널리 알리고 이들에 대한 연민의 감정이나 희롱조의 태도를 유도하고 있다. 한창 고시조가 지어질 무렵에도 가사나 잡가가 평시조를 흡수하는 경우가 나타나기도 하였다. 그러나 「지노귀새남」에서는 무가가 시조 양식을 흡수한 흔적을 찾기가 어렵다. 이 작품의 맨 첫행 "살강 밑에 씻긴 밥풀 움 돋거든 오마던가"와 한중간에 있는 "파당 당쟁 아수라장 등 터져서 죽은 귀신" 정도가 시조의 골격을 유지하고 있을 뿐이다. 물론 이 행들도 시인이 시조 양식을 염두에 두면서 의도적으로 만들어낸 것이라고 하기 어렵다. 결국은 무가에 지나지 않는 「지노귀새남」은 시조 형식의 변형이나 확대에의 의지가 낳은 부산물이라고 할 수밖에 없다.

그러나 윤금초는 외형이나 분위기에서만 시조 확대를 꾀하고 있는 것은 아니다. 소재의 면에서도 '시조답지 않은 것'을 받아들여 시조의 공간에 맞는 것으로 만들어 내려 애쓰고 있다. 예컨대 엘니뇨 현상을 노래한 「엘니뇨, 엘니뇨」가 있고 전쟁터에 나간 동생을 걱정하면서 쓴 「안부(安否)」가 있다. 그런가 하면 소재가 전혀 보이지 않는, 그래서 비대상의 시와 흡사한 느낌을 주는 「탐색(探索) 1」과 같은 것도 있다. 이 시조는 '드억센' '자맥질' '서슬 푸른' '파도덩이' 등과 같은, 주변의 시어들과는 잘 어울리지 못하는 시어들에서 볼 수 있는 것처럼 시인이 대상이나 상상력보다는 언어에 집착한 데서 나온 것이라고 할 수 있다.

연작시조라는 말이 가능한지 모르겠지만 「내재율 1, 2, 3, 5」는 '길쌈' '아침 영가' '봐요레타 삽화집' '전원 영가' 등과 같은 부제에서 볼 수 있는 것처럼 율(律)이 느껴지는 현장을 잡아내고 있다. 윤금초는 노래나 그림에서 율, 즉 음악성이나 조화 상태나 미를 찾기도 하고 아침과 같은 시간이나 전원과 같은 공간에서 찾아내기도 한다. 길쌈은 노동 현장이다. 그는 시골 처녀가 베틀 앞에 앉아 있는 모습에서 내재율을 찾아내고 있다. 이러한 내재율은 윤금초처럼 날카로운 시선을 지니지 않은 시인에게서는 기대하기 어려운 것이다.

박시교는 「바람집」이라는 제목에서 잘 암시받을 수 있듯이 허무를 노래하는 데 힘을 기울이고 있다. 이비 고인이 된 시인 임홍재를 추모하고 있는 「바람집 1」, "세상은 더없이 크고 공허한 바람집 한 채" "갈꽃만 헛말처럼 날리는 바람집 한 채"처럼 세상의 본질을 허무와 공으로 파악하고 있는 「바람집 2」, 흘러가는 강물을 보면서 우리의 마음도 흘러가는 것이라는 「너의 강 1」, 저무는 강가에 앉아 "흐르는 세월"을 보면서 눈물 어린 회상을 하는 「너의 강 2」, 공초 선생을 등장시켜 '하산'의 의미를 쓸쓸함이나 허망함에로 이끌어가고 있는 「하산」 등이 허무시를 즐겨 짓는 시조 시인으로서의 박시교의 면모를 잘 지켜주고 있다. 박시교는 허무시를 짓고 또 지은 끝에 「하산」과 같은 선문답의 경지로 나아갈 수 있게 되었다.

그러나, 박시교는 허무감에 무릎을 꿇거나 애달파하는 수준에서 멈추지 않고 있다. 그는 더욱 바짝 허무에 다가가 그를 자기 품안으로 넣으려 한다. 연작시조 「무미 1, 6, 9, 11, 12」는 이렇듯 허무를 감득하고 내 것으로 만들어가는데, 자신의 삶의 자세를 '보다 크고 깨끗한 삶에의 다짐'으로 가다듬어가고 있는 시인의 모습을 보여주고 있다. '빈 잔'이라는 부제가 달린 「무미 1」에서는 청청하게, 그러면서 운명을 곱게 받아들이며 사는 태도를 가다듬고 있다. '달이에게'라는 부제가 붙어 있는 「무미 6」에서는 친구와 같이 산에 올라갔다가 내려오면서 헤어지는 아픔을 이승과 저승의 갈라짐과 그 허무감으로 승화시키고 있다. 제1수에서의 "눈물인 듯 눈물인 듯 맺힌 이슬"이, 제2수에서는 "다 저문 하루의 끝"이 신선하게 다가온다. 「무미 9」에서는 다음과 같은 제3수가 시선을 끈다.

왼밤을 뜬눈 밝힌 이유야 모른다 치고
한 소절씩 잃어가는 내 뜨겁던 노래여

　　노래여, 허공을 쌓은 이승만한 바람이여

　이 시조에서는 "한 소절씩 〔……〕내 뜨겁던 노래여"
가 박시교가 오랫동안 체험하고 고심한 끝에 얻어낼 수
있었던 절창(絶唱)이 된다. 사실상, 삶이 허무하다거나
인생은 공(空)이라는 인식은 상식 중의 상식이다. 결국
이러한 인식을 효과적으로 표현해낼 수 있느냐 없느냐
하는 것이 문제다. 허무의 느낌이나 심상은 고어와 고유
어처럼 오늘의 한국인들이 우리 선조들과 하나임을 느
끼거나 서로 만날 수 있는 통로가 될 수 있다. 허무감이
야말로 영원 반복의 정서가 아닌가. 이런 점에서 박시교
는 시조를 전통의 공간으로 파악한 것이 된다.
　그런가 하면 박시교의 시조는 자연시의 경향을 보여
주고 있다. 자연시는 경즉정(景卽情)이요 정즉의(情卽
意)를 창작 원리로 삼고 있는 전통적인 시풍의 하나다.
자연시는 대자연을 인간의 느낌이나 인식의 원천으로
보는 데서 출발한다. 원천이 아니면 자극원으로 여기기
도 한다.
　이우걸의 시조는 자연이나 사물을 제목으로 취한 것
이 대부분이다. 그의 시조를 보면, 그가 시상을 어디에
서 얻었는가가 투명하게 드러난다. 시인의 내면은 객관
적 상관물을 거지고 있다. 기본적으로 이우걸은 직설법
을 쓰는 것을 꺼려한다.

　　쳐라, 가혹한 매여 무지개가 보일 때까지
　　나는 꼿꼿이 서서 너를 증언하리라

무수한 고통을 건너
피어나는 접시꽃 하나.   ──「팽이」

뉘우침이 몰래 와서 문을 여는 일요일처럼
내 어제 죄스럽던 것 또 이렇게 씻어보고
그래도 남는 게 있다면
소중히 가지고 싶다.   ──「세수」

제 가진 전신으로 한 하늘을 건져내려고
제 가진 전신으로 한 바다를 건져내려고
등대는 떨리는 손을 허공에 걸어놓았다.
                          ──「빈 배에 앉아」

　이우걸의 시조는 자기 자신의 내면 세계에 큰 관심을
보내며 또한 시형식을 사유의 공간으로 여기는 경향을
보인다. 자기의 삶 전체를 대상으로 하든 어떤 하루를
대상으로 하든 어두운 분위기를 저변에 까는 가운데 날
카로운 통찰력을 행사하고 있다. 위에 인용한 것 중「팽
이」가 삶의 이법을 노래한 것임은 쉽게 확인된다. 이 시
에서 무지개나 접시꽃은 결실을 의미한다. 여기서 팽이
가 도는 것은 논다, 산다, 노력한다, 수도한다 등을 뜻
한다. 때리지 않으면 돌지 않는 팽이의 속성을 통해서
삶의 이치를 읽어내고 있다. 이우걸이 암시하고 있듯이
우리 삶 속에서 무지개나 접시꽃은 영원히 나타나지 않
을지도 모른다. 그래도 우리는 팽이처럼 계속 돌아야 되
지 않느냐고 이우걸은 묻고 있는 것이다. 「세수」에서는

지극히 일상적 행위의 하나인 세수를 통해 시인은 자의
식에 젖는다. 그의 자의식은 온통 죄송함과 뉘우침으로
가득차 있다. 시인 자신의 자의식이 복잡하면서도 때로
는 모순의 소리를 지르고 있는 것처럼, 이우걸의 시조는
매끈하고 깔끔한 표현만 보여주고 있지는 않다. 「빈 배
에 앉아」는 역동적이며 살아 숨쉬는 이미지를 만들어내
고 있다. 저 멀리 등대가 하얀 불빛을 토해내는 것을 보
고 이우걸은 등대가 애쓰는 모습을 읽어내고 있다. 이러
한 발견과 표현은 날카로운 시선과 따뜻한 가슴이 아니
면 이루어지기 어렵다. 이 시조의 첫째 수에서 보이는
"달빛은 탄환처럼 어둠 속에 박히는데"도 가히 절창에
든다.

「방 3」에서 방은 아름다운 바깥 장면도 보게 해주고
혼자 사색하게도 만든다. 다른 시인 같았으면 '방' 대신
에 '창'을 썼을 것이다. 「새벽 종소리」에서 종소리를 선
량하다고 한 것도 특이한 인식의 산물이라고 하지 않을
수 없다. 그는 종소리를 무엇인가 애원하고 기도하고 조
심스럽게 물어보는 존재나 상태로 비유하였다. 「해질 무
렵 1」은 자연시에서 출발했는데 나중에 가서는 자의식의
시로 빠지고 말았다. 「섬」은 다른 시조 시인에게서 보기
힘들 정도로 새로운 작법을 모색하고 있는 것으로, 한마
디로 현대시의 상상력을 거뜬히 넘어서고 있다. 그런가
하면 「섬」이나 「비」 같은 시조에서는 팽팽한 긴장감이
감돌고 있다. 그는 섬이나 비와 같은 소재의 본질을 파
헤치는 것보다는 그것으로부터 파생되어나가는 의식에
더 관심이 많다. 이우걸이 작품의 공간 속에서 따라가고

있는 의식은 이우걸 자신도 예상하지 못한 것일 뿐더러
독자들은 더더욱 짐작도 못한 것이다. 이우걸은 윤금초
나 유재영이 의식보다는 언어에 매어달린 것과는 달리
의식을 좇아가고 있다. 물론, 그의 시조에는 「가을 언
덕」「낙화(落花)」 등과 같이 소재 자체를 노래하는 쪽으
로 기운 예외가 있기는 하다.

　유재영은 스타일리스트다. 그는 시는 표현이 생명이
라는 신념을 지닌 것으로 보인다. 남다른 표현력을 구사
하지 못하는 시는 시가 아니라는 것이다. 그의 시학은
'반죽의 시학'이요 '조응의 시학'으로 부를 수 있다.
「물총새에 관한 기억」은 소재와 시인의 상상력이 모범
적으로 반죽된 작품이며 「그해 가을 월정리」는 들꽃, 별
똥별, 작은 집, 쇠기러기, 대숲 등과 같은 구성 요소들
이 멋지게 상호 조응하고 있는 작품이다. 「여울목 한나
절」「익명의 등불」 등은 「그해 가을 월정리」와 함께 조
응의 시학 위에 서 있는 것으로 묶을 수 있다.

　　　놓아둔 어둠 저쪽 길 밖에 길이 있어
　　　기억의 地番으로 목선 저어 오는 이
　　　내 갈밭 그 몇 평 근심 서걱이며 오는 이 ──「가을 손님」

　　　언제나 흰 두루막 해서체로 꼿꼿하신

　　　아버지는 일생을 먹을 갈 듯 사셨다

　　　사랑채 큰 그림자가 빈 뜰 가득 젖는 밤 ──「생가의 밤」

하얀 뼈로 떠오르는 달이며 낡은 구름……
누군가가 가만히 해안선을 끌고 와서
먼 기억 풍금 소리를 꺼내 듣고 있었어. ——「월포리산조」

이상의 시편들은 유재영의 작품 중에서 절창을 가려
뽑은 것이다. 그만큼 표현력이 돋보이는 것들이다. 이
시조들은 작품 전체 구조가 예사롭지 않은 표현력을 과
시하고 있는 것이거니와 "밤새 벌레 울음이 기둥처럼 하
얗고"(「가을 손님」), "갈대꽃 하얀 바람 목이 쉬는 저문
강을"(「다시 월정리에서」), "목 잘린 바람들이 우우우 달
려온다"(「북풍권」), "소년은 휘파람 한쪽을 파랗게 닦고
있다"(「가을韻」) 등에서 확인할 수 있는 것처럼 그의 대
부분의 시조들은 섬광을 토하는 보석을 품고 있는 보자
기의 형상이다. 이 글 서두에서 유재영은 시조에 관한
한 전통주의자에 가깝다고 지적한 바 있다. 이때의 '시
조에 관한 한'은 '시조의 외형에 관한 한'으로 수정해야
정확한 것이 된다. 유재영은 소재를 하나의 이미지나 정
서 또는 생각으로 처리하는 과정에서 오히려 탈전통적
이며 현대적이기까지 한 경향을 드러낸다. 위의 인용시
들은 자수율이라는 울타리의 밖으로 내보낸다고 하더라
도 현대시에 조금도 뒤지지 않는 감수성과 표현력을 지
닌 것으로 보인다. 현대시에 뒤지지 않는 새로움을 지니
고 있으면서도 유재영의 시조들은 기본적으로 '정서적
등가물 *emotional equivalent*'을 만들어놓는 데 힘쓰고
있다. 주정주의자로 부를 수 있는 유재영은 시조를 자의

식의 시로 끌어올리려 한 이우걸과는 마주보는 자리에
서게 된다.

　이번에 간행되는 합동 시조집 『네 사람의 얼굴』은
1983년도에 나온 초판본에다가 네 시인이 각각 몇 편씩
신작으로 갈아 끼워넣은, 말하자면 중판본이다. 이렇듯
중판본의 모양을 갖추었다고는 하나, 네 시인들의 입장
으로 보면 『네 사람의 얼굴』은 초기시의 영역과 수준을
크게 벗어나지 못한다. 따라서 이제 나올 『네 사람의 얼
굴』은 중견 시조 시인으로서의 윤금초·박시교·이우
걸·유재영의 '오늘날의 진짜 얼굴'이라고 하기는 어렵
다. ▨